Martina Herbig

Wolkenbilder

Moderne Lyrik, Texte und Skulpturen

Bibliografische Information der Deutschen
Nationalbibliothek:
Die Deutsche Nationalbibliothek verzeichnet diese
Publikation in der Deutschen Nationalbibliografie;
detaillierte bibliografische Daten sind im Internet
über http://dnb.dnb.de abrufbar.

Illustration: Paul Herbig

Herstellung und Verlag:
BoD – Books on Demand, Norderstedt

ISBN: 978-3-8423-5607-8

Inhaltsverzeichnis

Inhaltsverzeichnis..5

Zur Autorin und Einleitung 7

Dieses Buch ist gewidmet 8

Wolkenbilder...9

Sich das Leben nehmen............................ 11

Volle Hände 14

Lasst uns aufstehen 15

Mantel der Illusion 16

Lass´ es sein.. 18

Selbstverständlich 19

Zweifel... 20

Meine Ohren müssen hören 21

Vergangenheit... 22

Der Pessimist und der Optimist................. 24

Gehen lassen 25

Tanz der Engel 26

Zuhören.. 27

Um Andere kümmern 28

Engel des Lebens..................................... 30

Ahnen.. 34

Was wird von dir bleiben 35

Das Erbe tragen 36

Leise 37

So viel ist geblieben.................................. 39

Die große Wende 40

Sterben.. 41

Still 42

Wenn die Zeit vergeht.............................. 43

Blätter fallen 44

Schöpferkraft 45

In die Tiefe tauchen.................................. 48

Vermächtnis 49

Gestern 51

Was wir beide nicht sehen 52

Überlegen 53

Erwartung an Menschen 54

Tausend Worte.. 56

Flüstern 57

Hand in Hand 58

Über den Welten..................................... 59

Schutz.. 60

Im Frieden sein....................................... 61

Die Welten 62

Auch du bist nur ein Mensch.................... 65

Besonnenheit 67

Mit Niemand verwandt 68

Glashaus.. 69

Meinungslast.. 70

Geduld... 72

In der Masse... 73

Hilfe.. 74

Wer bist du... 75

Guru 76

Momente 77

Sanft gelandet.. 79

Der wahre Held 80

Zuversicht.. 81

Weitere Veröffentlichungen von Martina Herbig 82

Zur Autorin und Einleitung

Ich bin Martina Herbig.
Ich bin Heilpraktikerin und Psychologische Beraterin.
Meine Erfahrungen und Wahrnehmungen über das
Leben, mit dem Leben und von dem Leben teile ich
meinen lieben Lesern mit.
In diesem Buch finden Sie, liebe Leser, Gedichte und
Texte.
Des Weiteren ist dieses Buch mit Fotografien
illustriert. Hier sehen Sie Skulpturen aus Ton, die von
mir gestaltet wurden.
Mein Sohn, Paul Herbig, hat diese Skulpturen in das
künstlerische Licht seiner Fotografien gestellt.
Der Betrachter darf sich an ihnen erfreuen, sie
wahrnehmen und sie in sich wirken lassen.
Ebenso gemeint sind die Texte und Gedichte. Sie
möchten in Ihnen wirken und Sie beschenken.

Dieses Buch ist gewidmet

Dieses Buch ist gewidmet
dem Leben:
Was ist,
was kommt
und was war.

Dieses Buch ist gewidmet
dem Vergeben:
Was ist,
was kommt
und was war.

Dieses Buch ist gewidmet
all denen,
die sind, die finden
und die wissen.

Dieses Buch soll sein ein Segen,
für alle die,
die leben.

Wolkenbilder

Wolkenbilder
sind die Filter
in eine
andere Welt:

Unsichtbar
sichtbar werdend.

Wolkenbilder
schweben am
Himmel.
Unaufhaltsam!

Ziehen weiter,
Wolkenbilder!
Doch der Filter
bleibt!

Er bleibt
dem Träumer,
dem Erkennen,
dem der sucht
und dem der findet.

Er bleibt
dem Lebenden
und den Toten.
Nur dem Ungläubigen
bleibt er verboten.

Wolkenbilder
sind die Filter
in eine
andere Welt:

Unsichtbar
sichtbar werdend.

Sich das Leben nehmen

Dieser Satz lässt uns aufhorchen.

„Sich das Leben nehmen!"

Woran denken wir dann wohl?

Die meisten von uns denken: hier möchte sich jemand das Leben nehmen, sich aus dem Leben ziehen. Ein Mensch wählt das Leben ab und geht freiwillig in den Tot.

Doch ist das wirklich so?

Sich das Leben nehmen, könnte doch auch heißen: „Ich nehme mir das Leben. Ich nehme mir es mit vollen Händen. Alles, was das Leben für mich hat, nehme ich mir. Ich nehme alles an, wie es ist und mache etwas draus."

Alles ist eine Frage des Verstehens.

Nehmen wir uns das Leben, so begeben wir uns in das Leben hinein.

Oft verstehen wir unter dem Satz, sich das Leben nehmen, es bringt sich jemand in den Freitot.

Warum sagen wir diesen Satz?

Könnte es auch bedeuten, wenn jemand sich das Leben nimmt und dieser Satz in seiner Bedeutung als freiwilliger Tot definiert ist, dass das Leben weitergeht? Was nützt es dann, wenn jemand nicht mehr leben möchte, den Tot für sich wählt, wenn er dann trotzdem weiterlebt? Dann ist das erhoffte Ende nicht da und wir müssen uns den Dingen stellen und auch dafür unsere Verantwortung tragen.

„Sich das Leben nehmen", bedeutet genau genommen doch, dass wir das Leben annehmen, welches wir haben.

Wir bringen unsere Talente und unsere Gaben, unsere Veranlagungen mit. Diese tragen wir in uns. Dann kommen die Umstände, unsere Umwelt hinzu. Und das letzte Stück obliegt uns selbst.

Was machen wir mit dem Leben?

Nehmen wir es voll und ganz an?

Fangen wir die Bälle auf, die uns zugeschmissen werden, oder lassen wir sie achtlos liegen?

Ergreifen wir das Leben mit unseren Händen, dass sie voll werden?

Verschenken wir uns mit unseren Gaben und Talenten dem Leben, dass auch Andere teilhaben können von dem, was wir zu geben haben?

Das Leben in sich aufnehmen, sich das Leben nehmen!

Dieses, was wir in uns haben, in uns tragen, dürfen wir dem Leben schenken. Wir möchten uns mitteilen. Wir teilen mit den Anderen, was uns nicht allein gehört.

„Sich das Leben nehmen"
Skulptur aus Ton von Martina Herbig

Volle Hände

Hände, die formen,
geben Gestalt.
Hände, die halten
sind ohne Gewalt.
Hände, die geben,
sind immer voll.

Großer Segen!

Mit vollen Händen
sich verschenken!

Lasst uns aufstehen

Lasst uns aufstehen
und hingehen,
um zu sehen,
was die Wirklichkeit ist!

Lasst uns aufstehen
und hingehen,
um zu sehen,
was die Wirklichkeit war!

Lasst uns aufstehen
und hingehen,
um zu sehen,
was die Wirklichkeit sein will!

Mantel der Illusion

Du hast den Mantel noch an,
den Mantel der Illusion.
Zieh´ ihn aus!
Du sitzt auf dem falschen Thron.

Du hast den Mantel noch an,
den Mantel des Wartens.
Zieh´ ihn aus!
Er verdirbt dir jede Chance.

Du hast den Mantel noch an,
den Mantel der Trennung.
Zieh´ ihn aus!
Er ist die falsche Benennung.

Du hast den Mantel noch an,
den Mantel der Projektion.
Zieh´ ihn aus!
Aus ihm leuchtet der Hohn.

Du hast den Mantel noch an,
den Mantel der Manipulation.
Zieh´ ihn aus!
Sie gibt keinen Lohn.

Du hast den Mantel noch an,
den Mantel der Macht.
Zieh´ ihn aus!
Mit ihm beauftragst du die falsche Wacht.

Du hast den Mantel noch an,
den Mantel der Abhängigkeit.
Zieh´ ihn aus!
Aus ihm entsteht nur Leid.

Du hast den Mantel noch an,
den Mantel deiner Wahrheit.
Zieh´ ihn aus!
Sei für das Wahre bereit.

Lass´ es sein

Was du nicht tust,
weil du es tun möchtest.
Lass´ es sein!

Was du nur tust,
um Andere zu beeindrucken.
Lass´ es sein!

Was du nur tust,
um Lob zu ernten.
Lass´ es sein!

Tue die Dinge ihrer selbst wegen,
aus sich selbst heraus,
weil du sie tust!

Lass´ sie entstehen
in deinem Gehen!

Selbstverständlich

Nach den Sternen greifen,
einfordernd das
selbstverständlich
zustehende Glück.

Nach den Sternen greifen,
im Glauben das
Wichtigste zu sein,
verdient das größte Stück.

Selbstverständlich
das Selbst verstehend,
um sich Selbst drehend.

Im nie endenden Karussell.
Es dreht und dreht,
immer mehr und sehr schnell.

Bis es steht!
Alles vergeht!

Zweifel

Selbstzweifel
führen
in Zweifel.
Zweifel lässt uns unterscheiden.
Unterscheiden
führt
in Scheiden.
Scheiden lässt sich nicht vermeiden,
uns von dem zu trennen,
wogegen wir uns bekennen!
Um uns dann zu vereinen
mit dem einen,
wovon uns der Zweifel lehrte:
Erkennen,
was zu uns gehörte.

Der Zweifel uns lehrt,
was zu uns gehört!
Darum ist er es Wert,
dass auch der Zweifel geehrt.

Meine Ohren müssen hören

Meine Augen kann
ich schließen, wenn ich nichts
mehr sehen will.

Meinen Mund lass
ich schweigen, wenn ich nichts
mehr sagen will.

Doch
meine Ohren müssen hören,
ob sie wollen oder nicht.
Deshalb schütz´ ich sie,
sonst gehen sie verloren.
Und ich verliere mich.

Vergangenheit

Du erzählst mir
von deinen Erfahrungen
aus der Vergangenheit.

Jedes Mal, wenn wir uns sehen,
erzählst du mir es wieder.

Jedes Mal, wenn wir uns sehen,
verändern sich deine Lieder.

Doch eins,
das bleibt,
das ist dein Leid.

Du erzählst mir
von den Anderen,
ihrer Schlechtheit und Unvollkommenheit.

Jedes Mal, wenn wir uns sehen,
erzählst du mir es wieder.

Jedes Mal, wenn wir uns sehen,
verändern sich deine Lieder.

Doch eins,
das bleibt,
das ist dein Leid.

Du leidest an deiner Vergangenheit.
Du leidest an Anderer Schlechtheit.
Du leidest an Anderer Unvollkommenheit.

Doch was ist in deiner Wirklichkeit?

Wann beginnst du endlich dich zu leben?

Du leidest an deiner Vergangenheit,
bis du bereit bist,
sie nicht mehr länger
in dein Jetzt zu tragen?

Lasse sie dort,
wo sie ist
und lebe dein Jetzt,
dass dein Leben das Deine wird!

Der Pessimist und der Optimist

Er blickt nur zurück
in sein größtes Unglück!
Das kleinste Stück
war Glück.

Er verliert sich in sich,
woran er zerbricht.
Wer er nur ist,
der Pessimist.

Er blickt nur nach vorn.
Sein größter Ansporn,
seiner Hoffnung bekannt,
der Zukunft zugewandt.

Was war, ist vorbei,
ohne viel Geschrei.
Er hat sein Bestes gegeben.
So war es eben.

Er ist offen für alles,
für sein Leben galt es.
Wer immer er ist,
der Optimist.

Gehen lassen

Wo ist der Glanz
in deinen Augen?
Was hat dich nur
so traurig gemacht?

Gibt es für dich
denn nirgends Halten?
Keine Stimme,
in deiner eisigen Nacht?

Wo ist der Mut,
von dem wir sprachen,
als du noch
unbefangen warst?

So kenne ich dich nicht
in deinem Verhalten,
verzweifelte Lippenspuren
am leeren Glas!

Komm her zu mir,
ich halt dich fest,
wenn du dich jetzt
gehen lässt.

Komm her zu mir,
lass dich ruhig mal gehen.
Nur in diesem Gehen,
kann Neues entstehen.

Tanz der Engel

Der Tanz der Engel
hüllt mich ein.

In diesem Gedrängel,
bin ich allein.

Menschenströme,
die Fäuste geballt.
Die großen Söhne
senden aus
die Gewalt.

Gewissensfreie Skrupel
verraten den Frust.
Schlagen voll Übel
den Bruder
auf die Brust.

Angst in den Augen
schreckt sie nicht ab.
Stärkt nur ihren Glauben.
Noch mehr geht's bergab.

Der Tanz der Engel
hüllt mich ein.

In diesem Gedrängel,
bin ich allein.

Zuhören

Hör mir zu,
ich brauche deine
Antwort nicht.

Hör mir zu,
ich brauche
keinen Rat.

Hör mir zu,
ich brauche keine
andere Sicht.

Hör mir zu,
ich brauche
keine Tat.

Hör mir zu,
ich brauche
deine Gegenwart.

Hör mir zu,
ich brauch nur
deine Zeit.

Hör mir zu,
es ist für mich
allein so hart.

Hör mir zu,
und lass bei mir
mein Leid.

Um Andere kümmern

Als ich begann,
mich um Andere zu kümmern,
wurde ich müde.

Man gab mir den Rat,
mich um mich
selbst zu kümmern.

Ich begab mich zur Tat
und wurde
unzufrieden und krank.

Man gab mir den Rat,
so weiter zu gehen.
Und alles wurde immer schlimmer!

Als ich begann,
mich wieder um Andere zu kümmern,
erkannte ich, wie es wirklich war.

Ich wurde stark,
ganz ohne Rat,
die Frage lag in mir.

Sie antwortet meine Schuld:
Es war die fehlende Geduld!
Es war die große Erwartung,
die ich zu Erfüllen verlangte!

Die grübelnden Gedanken,
ich um das Heil bangte!

Als ich begann,
mich erwartungslos um Andere zu kümmern,
geduldig zu sein,
ihnen das Ihre zu lassen,
erfuhr ich Liebe.

Engel des Lebens

Haben Sie schon einmal etwas von Engeln gehört?
Glauben Sie an Engel?
Ist Ihnen schon einmal Ihr Schutzengel begegnet?
Hatten Sie schon einmal großes Glück und wussten,
das was da geschah, das ist nicht von dieser Welt?
Hier hatten die Engel ihre Hände im Spiel!
Die Engel des Lebens sind der Engel der Inkarnation
und der Engel der Exkarnation.
Inkarnation bedeutet, wir gehen in dieses
menschliche Leben, mit der Exkarnation verlassen wir
es wieder.
Während wir im Mutterleib als Embryo heranreifen,
tanzen die Engel der Inkarnation und der Exkarnation
gemeinsam neun Monate lang einen Tanz.
Zu unserer Geburt lösen sie sich aus ihrer Umarmung.
Der gemeinsame Tanz ist zu Ende.
Der Engel der Inkarnation begibt sich mit uns auf
unsere Lebensreise. Er begleitet uns durch unser
Leben. Manche Menschen können ihn fühlen und
wahrnehmen, andere nicht. Ihnen ist der Gedanke,
von einem Engel begleitet zu werden, völlig fremd
und absurd.
In der Zeit unserer Lebensreise steht der Engel der
Exkarnation links hinter dem Engel der Inkarnation.
Seinen linken Arm hat er eingerollt, seine Flügel sind
eingeklappt. Man könnte glauben, er hat nichts zu
tun. Doch mit seinem rechten Arm hält er
unberührten Kontakt zum Engel der Inkarnation. Er

geht ihm nicht verloren. Ab und zu gibt er ihm Hinweise.

Die Menschen, denen die Engel fremd sind, die nicht daran glauben können, dürfen sich vorstellen, dass der Tod selbst hinter uns an unserer linken Seite steht und uns Hinweise im Leben gibt.

Was könnten das für Hinweise sein?

Der Engel der Exkarnation oder, wer möchte, der Tod erinnert uns vielleicht daran, dass dieses Leben endlich ist. Was bedeutet das für unser Leben?

Will uns da etwa jemand Angst einjagen?

Nein, ganz bestimmt nicht!

Wem bewusst ist, dass das Leben endlich ist, der darf intensiv Leben. Er wird sein Leben genießen, die Geschenke des Lebens würdigen, Dinge tun, die ihm Freude machen. Er wird authentisch sein und dankbar, weil er weiß, dass alles, was hier im Leben ist, nur für eine begrenzte Zeit ist.

Das Leben ist kostbar!

Wie oft tun wir Dinge halbherzig, weil sie uns Geld oder Ruhm bringen? Doch das alles ist vergänglich.

Das, was uns Freude bereiten würde, schieben wir auf die Wartebank.

„Wenn ich erst einmal Rentner bin, tue ich dies oder das."

„Wenn ich meine Wohnung geputzt habe, wenn die Wäsche gebügelt ist, wenn ich…, wenn ich…, wenn ich…, dann"

Was ist, wenn wir das Dann nicht mehr erleben?

Warum tun wir es nicht gleich?

Wenn wir wissen, dass wir sterben werden, beginnen wir zu leben.

Am Ende, wenn wir sterben, umarmen sich ebenfalls wieder unsere Lebensengel zum gemeinsamen Tanz.

Wohin gehen wir, wenn sie sich wieder voneinander lösen?

Was sagen wir, wenn uns die Frage gestellt wird:

„Was hast du von dir dem Leben geschenkt?"

Was wollen wir erlebt haben? Was soll bleiben, wenn wir nicht mehr sind? Was haben wir in den Herzen der Menschen hinterlassen, die mit uns gingen? Was haben wir dem Leben geschenkt?

Sind wir dann, wenn es soweit ist und sich die Engel umarmen bereit zu gehen, weil wir alles, was wir tun wollten, getan haben?

Wie viel steht dann noch auf unserer Wartebank, was immer auf später verschoben wurde und ungetan blieb?

Lasst uns Leben!!!

„Engel des Lebens"
Skulptur aus Ton von Martina Herbig

Ahnen

Wir können erahnen,
was unsere Ahnen
uns leise raunen.
Im Vertrauen!
In stillen Stunden.

Wir können vorahnen,
was unsere Ahnen
uns senden als Gedanken,
die wir erst nicht kannten.
In stillen Stunden.

Wir können nachahnen
all den Dingen,
die gut waren.
Von unseren Ahnen,
gilt es, sie nachzuahmen.

Das Gute nehmen,
es besser gestalten,
all die Dinge,
die von uns gehalten,
bringen in ein neues Gelingen.

Dann sind wir die Ahnen,
die liebevoll ermahnen,
das Leben zu behüten
für Vielfalt der Blüten!
Was aus dem Immer neu entsteht.

Was wird von dir bleiben

Was wird man dich fragen
nach all den Tagen, an denen du gelebt?
Hast du nur deine Zeit
totgeschlagen,
oder gibt's was von dir,
was nicht vergeht?

Was bleibt von dir,
wenn es dich nicht mehr gibt?
Was bleibt von dir
im Leben zurück?

Hast du zu dem gestanden,
was du gesagt und getan?
Hast du das Beste gegeben
für deinen Clan?
Hast du gelernt,
was das Leben dich lehrte?
Hast du das gesehen,
was für dich ist, auf der Erde?
Hast du deine Qualitäten
in Heeren verschenkt?
Hast du dein Leben
in richtige Bahnen gelenkt?
Hast du alles gegeben
was von dir wollte entstehen?

Was wird von dir bleiben,
wenn du musst gehen?

Das Erbe tragen

In Momenten
der Stärke
umsäumt von der Kraft,
trage ich das Erbe
meiner Ahnen voran.

In Momenten
des Friedens
umsäumt von Stille,
trägt uns das, was wir lieben
im Leben voran.

Leise

Leise, leise,
sei ganz still!
In dieser Weise
kannst du hören,
was dein Herz dir
sagen will.

Leise, leise,
sei ruhig mein Freund!
In dieser Weise
kannst du hören,
wo für dich ist
Leid und Freud`.

Leise, leise,
hier will jemand sterben!
In dieser Weise
kannst du hören,
was er dir
will vererben.

Sei leise, leise!
Nur auf diese Weise
wirst du es verstehen,
in deinem Herzen sehen.

Ist es Glück?
Das Leben zieht sich zurück.
Wenn du weißt,
wir kehren heim.
In das Land,
aus dem wir kommen.
Wir werden empfangen
von prächtiger Liebe,
wie wir sie nie kannten,
als wir noch waren laut.

Sei leise, leise!
Nur auf diese Weise
wirst du es verstehen,
in deinem Herzen sehen.

So viel ist geblieben

Die Zeit der Worte ist vorüber!
Jetzt ist es nicht mehr weit!
Du wirst immer klüger
und schreitest aus der Zeit.

Alles ist gesagt.
Die Uhr steht still!
Heut ist der Tag
an dem du nicht mehr willst!

Das Leben erlischt,
und im anderen Raum
wird es neu erfrischt.
Du springst über den Zaun.

Du bist frei und neu
vereint mit deinen Lieben,
die vor dir gingen,
So viel ist geblieben!

Die große Wende

Dunkel wird es
leicht und sanft,
leer und müde
kommt er an.

Ins Reich der Ewigkeit
tritt er hinein.
Seine Seele,
sie ist rein.

Alles wird leer,
geht zu Ende.
Bevor das Große beginnt,
die größte Wende.

Sterben

Ich lasse mich
von deinem Sterben
führen
und fühle,
was in mir sterben will.

Ich lasse mich
von deinem Sterben
berühren
und fühle,
was in mir wird still.

Du stirbst in Frieden
und wandelst dein Kleid.
Das, was wir lieben,
für ewig bleibt.

Still

Werde still
der ruhende See.
Die Ebbe im Meer,
ganz ohne weh.

Werde still
unhörbares Verebben.
Von Glaube getragen
in neue Stätten.

Werde still
ohne Kummer und Schmerz.
In Frieden wissend
dein liebendes Herz.

Wenn die Zeit vergeht

Sie lebt in einer Zeit,
die nicht die Ihre war.
Es wurde ihr versprochen,
sie sei dem Himmel nah.

Dann wurde ihr Herz gebrochen
und nichts von all dem
war wahr.

Die große Gefahr!

Die, die mit ihr gingen,
sind plötzlich nicht mehr da.

Halt mich,
wenn die Zeit vergeht!
Halt mich,
wenn die Welt sich verdreht,
dass ich hier stehen bleibe,
während als vorüber gleitet.

Blätter fallen

Blätter fallen!
In ihnen hallen,
Gedanken der
Vergangenheit.

Blätter fallen!
In ihnen hallen
Worte der
Endlichkeit.

Blätter fallen!
In ihnen hallen
Hoffnungen an die
Ewigkeit.

Schöpferkraft

Wir haben Hände, mit denen wir handeln. Bauwerke, Kunstwerke und viele Dinge entstehen durch unsere Hände. Wir formen ein Stück mit von dieser Welt, die wir um uns herum gestalten und betrachten. Wir tragen Schöpferkraft in uns.

Wir führen Gespräche, formulieren Worte. Mit diesen Worten, die aus unserem Wesen, aus unseren Gedanken und Gefühlen entstanden sind, berühren wir das Leben unserer Mitmenschen. Von den Worten unserer Mitmenschen wird unser Leben berührt. Die Worte können heilen, neue Wege zeigen und uns aus einer Einsamkeit befreien. Sie können auch verletzen, uns aufhorchen lassen und so manchen Schein auflösen.

Auch mit unseren Händen erschaffen wir nicht ausschließlich materielle Dinge, mit ihnen können wir ebenfalls unsere Mitmenschen berühren und uns von ihren Händen berühren lassen.

Wir berühren uns mit Worten und mit den Händen.

Durch diese Berührung darf Neues entstehen.

Wir erschaffen etwas, wir sind Schöpferkraft.

Doch vieles, was wir auf der Erde in unserem Leben erschaffen, ist vergänglich. Manche Dinge werden saniert, wieder instand gesetzt, dabei verändert und angepasst. Somit entsteht wieder Neues und die Schöpferkraft wirkt ewig weiter.

Einiges wird weiter getragen, zu Bestehendem wird hinzugefügt, mancherlei wird vergessen.

Alles ist im Wandel und wir erschaffen ständig Neues, lassen Altes liegen und erschaffen es wieder neu.

Der Mensch erschafft im Fluss der Zeit.

Der Mensch ist Schöpferkraft!

Die Natur unterliegt ebenso dem Wandel. Im Frühling erblüht und sprießt Neues aus der Erde, im Sommer erreicht es seine volle Pracht, im Herbst verwelkt es um zu sterben. Im Winter findet das Blühen seinen Tot, um dann im Frühling seine Auferstehung zu feiern.

Die Natur erschafft im Fluss der Zeit.

Die Natur ist Schöpferkraft!

Alles ist Leben. In allem wohnt der Zauber des Lebens Inne.

Das Leben erschafft im Fluss der Zeit.

Das Leben ist Schöpferkraft!

Ständig entwickelt sich in der Schöpferkraft alles weiter. Ein Stück tragen wir sie mit voran. Dinge die gut sind, sich bewährt haben und in die Zeit passen, haben Bestand, was nicht mehr wertvoll und gültig ist, wird irgendwann vergessen.

Die Schöpferkraft ist nicht beständig, nicht immer die Selbe. Sie verändert sich, wandelt sich und somit ist sie Evolution.

Der Mensch, die Natur und das Leben sind gehalten und getragen in der Schöpferkraft, in ihrer Evolution.

Aus einem Samenkorn wächst ein neuer Baum. Das Samenkorn muss sterben, um ein Baum zu werden. Aus diesem Baum entstehen wieder neue Samen für neue Bäume.

Wo ist der Anfang? Wo ist das Ende?

Gott ist Schöpferkraft und wir sind mittendrin!

„Schöpferkraft"
Skulptur aus Ton von Martina Herbig

In die Tiefe tauchen

In die Tiefe tauchen,
weg von der Oberfläche!
Verschwinden,
nicht mehr gesehen werden
von den
Blinden,
die an der Oberfläche bleiben,
sich die Zeit vertreiben
mit den Spielen der Triebe,
fernab von Liebe!

In die Tiefe tauchen,
weg von der Oberfläche!
In der Tiefe erkennen,
was übrig ist.

Ich sehe mich,
mit allem,
was ich bin,
und finde mich
in meiner Liebe.

Vermächtnis

Was ist dein Vermächtnis,
was bleibt von dir?
Was willst du hinterlassen?

Was ist dein Vermächtnis,
was bleibt von dir?
Was sollen deine Kinder über dich sagen?

Sie können nur sagen,
was du sie wissen lässt.
Sie können nur lieben,
was du geliebt hast.
Sie können nur siegen,
wenn du ihnen Vertrauen schenkst.
Sie können nur Wert erkennen,
worauf du sie lenkst.
Sie können nur Glück benennen,
wenn du es erkannt hast.
Sie können nur sehen,
was du ihnen gezeigt hast.
Sie können vor dir gehen,
wenn du deine Wege gegangen bist.
Sie können nur Stehen,
wenn du ihre Wurzel bist.

Sie gehen dir voraus,
sie machen es neu.
Aus ihren Wurzeln
wachsen sie empor.
Mit starken Wurzeln
treiben sie ihre eigenen Früchte,
die darfst du nicht essen,
sonst wirst du vergessen
von denen, die vor dir gehen.

Was ist dein Vermächtnis,
was bleibt von dir?
Was willst du hinterlassen?

Gestern

Vom Morgen erfassende
Stunden des Lebens!
Am Morgen bleibt
das Gestern zurück.

Das Morgen wird sein
ein Gestern von Heute.
Es ist
vom Leben
ein ganzes Stück.

Ein Tag voller Leben,
eine Stunde vom Glück!
Am Morgen
bleibt immer
das Gestern zurück.

Was wir beide nicht sehen

Ich muss alles glauben,
was du mir erzählst,
mein Freund.
Kann ich dir vertrauen,
was du an Worten wählst,
mein Freund?

Ich habe selbst Augen,
die sehen können.
Ich fühle das Prickeln auf meiner Haut.

Ich habe selbst Ohren,
die hören können.
Ich habe mir selbst eine Meinung erlaubt.

Doch was wirklich ist,
sehen wir beide
noch nicht.

Überlegen

Zu viel Überlegen
legt über die Weisheit
den Schleier
des Zweifels.

Zu viel Überlegen
legt über die Hoffnung
den Schleier
des Grauens.

Zu viel Überlegen
legt über die Klarheit
den Schleier
der Unklarheit.

Zu viel Überlegen
bringt ein
„Über das Legen",
was es
zu erkennen gilt.

Erwartung an Menschen

Schenk mir den
Himmel auf Erden,
um zu dem zu werden,
was ich allein nicht bin.

Hol mir die
Sterne vom Himmel,
um das Glück zu finden,
allein bin ich blind.

Belohne mich täglich
mit Lachen,
und tausend anderen Sachen.
Ich brauch´s für mein Kind.

Es ist so verloren,
nicht ruhig zu stellen,
braucht viele Gesellen,
die das Leben ihm erhellen.

Es fehlt ihm die Mutter,
es fehlt ihm der Vater.
Ich kann´s ihm nicht sein,
bitte dich zu mir herein.

Eines Tages
stelle ich fest
nach all den Fragen,
auch du gibst es mir nicht,
du bist nicht genug.

Nun darfst du wieder gehen,
hast jämmerlich versagt.
Du holst keine Sterne,
erschaffst keinen Himmel.
Dein Lachen ist beklemmt.
Mein Kind ist beschämt.

Ich hab´s nicht begriffen,
müsste es aber tun.
Endlich begreifen,
dass nur ich find´ zur Ruh`.

Erwartung an Menschen,
die zur Seite mir stehen,
bringen nur die Verzweiflung.
Und jeder wird gehen!

Tausend Worte

Tausend Worte,
die mich berührten
in der Tiefe
meines Wesens.

Tausend Worte,
die für mich waren
in den Tagen
des Verlorenseins.

Tausend Worte,
die sich wiederholten,
in ihrem Klang
und ihrer Tat.

Tausend Worte,
die eins nur sagten,
immer wieder:
„Hab´ Vertrauen!"

Flüstern

Wenn wir das Flüstern
wieder lernen
erleben wir den Traum
von fernen
Orten der Beseelung.

Wenn wir das Flüstern
wieder lernen
erleben wir das Leben
fern von Ruhm
in neuen Begebenheiten.

Wenn wir das Flüstern
wieder schenken
kommen die Hände,
die uns lenken
in neue Gelegenheiten.

Beseelung
umhüllt uns.
Begebenheiten
verwandeln unseren Geist.
Gelegenheiten,
wirklich Mensch zu sein.

Hand in Hand

Lasst uns gehen
Hand in Hand!
Und wir sehen
das neue Land,
in dem wir sein werden!
Ob wir verstehen,
was wir tun?
Drum lasst uns gehen.

Lasst uns stehen
beieinander!
Und wir sehen
uns und Andere,
die mit uns
die Zeit verbringen,
da wir leben
oder darum ringen.

Lasst uns gehen
Hand in Hand,
in das neue Land,
das getragen ist vom Sein,
von aller Ungewissheit rein!

Über den Welten

Zwischen uns liegen Welten,
unüberwindbar!
Mögen sie es uns vergelten,
all die Helden
über den Welten.

Zwischen uns liegen Welten,
unüberschaubar!
Glocken erhellen,
Mauern zerschellen,
über den Welten.

In den Welten gefangen
mit lauter Bangen,
um das Leben an sich,
bevor es zerbricht.

Schutz

Bedecke mich
mit deinen Flügeln.
Ich lege mich zur Ruh.

Bette mich
in deinem Federkleid
und lasse es zu.

Ich bin geborgen
in deinen großen Händen.
Sie halten mich fest.
Ich will mich nicht wenden.

Im Frieden sein

Nimm dir Zeit zum Vergeben,
dann wirst du erleben
wie es sich anfühlt
im Frieden zu sein.

Nimm den Stolz und vergebe,
dann wirst du erleben
wie es sich anfühlt
im Glück zu sein.

Aus Hochmut
wird Stolz.
Der Weg nur
auf Holz.

Aus Vergebung
wird Demut.
Vergeht
alle Wehmut.

Welch ein Glück:
Im Frieden zu sein!

Die Welten

Wir leben in einer globalen Welt. Jeder einzelne Mensch lebt in dieser Welt.

Was ist diese Welt?

Ist sie für jeden Mensch gleich?

Haben wir die eine Welt, in der wir alle die Dinge realistisch sehen, wie sie objektiv sind? Was ist Objektivität? Gibt es sie?

Wir leben alle gemeinsam auf dem Planeten Erde und jeder lebt entsprechend seiner Wahrnehmung und Erfahrung, seiner Lebensumstände, seiner Prägung und seiner Talente und Fähigkeiten in seiner Welt.

Jeder Mensch hat seine eigene Welt, in der er lebt. Aus dieser heraus betrachtet er die Welt und bildet sich seine Meinungen über diese scheinbar eine Welt.

Jede Welt ist unterschiedlich. Die eine Welt ist groß, reich an Erfahrungen und Leben. Die andere ist eher klein. Der Horizont ist überschaubar.

Wenn wir einen anderen Menschen wirklich verstehen wollen, müssen wir uns ein Stück in seine Welt begeben. Ohne dieses Stück ist ein Verstehen unmöglich.

Die meisten Missverständnisse sind die Resultate des Nichtbeachtens der Welten. Jeder lebt in seiner Welt und in dieser Welt ist es eben anders.

Paartherapeuten sitzen zwei Menschen gegenüber und bemühen sich, in deren Welten einzutreten. Sie versuchen, dem jeweiligen Anderen den Schlüssel zu zeigen, mit der er die Tür zu seinem Partner öffnen kann.

Wie ist es in deiner Welt?

Wie siehst du das, was uns verbindet?

Was ist es für dich, was uns verbindet?

Was ist dir wichtig? Wo liegen deine Werte? Was behütest du? Was ist dein Sinn?

Für jeden darf es anders sein. Es gibt viele Wahrheiten.

Es gibt viele Welten. Viele, für die sich die Mühe lohnt, sich auf den Weg zu machen und sie kennen zu lernen.

Dieses Kennenlernen eröffnet uns neue Perspektiven des Verstehens, warum Andere es anders sehen. Wir können verstehen, was einen anderen Menschen bewegt, weshalb er manche Dinge so empfindet. Dann müssen wir ihn nicht mehr verurteilen. Wir dürfen ihn dann verstehen und so sein lassen, wie er ist.

Als Geschenk für diese Mühen dürfen wir ein Stück der Erkenntnisse und des Verstehens mit in unsere Welt nehmen. Und auch in dieser, in unserer Welt darf ein neuer Wind wehen. Mit neuen Einsichten sehen wir vielleicht manche Dinge in einem neuen Licht.

„Die Welten"
Skulptur aus Ton von Martina Herbig

Auch du bist nur ein Mensch

Du musstest stark werden,
als die Stärke
um dich herum
weg gebrochen ist.

Du musstest stark sein,
als alle
um dich herum
schwach waren.

Du musstest stark bleiben
als die
Schwäche um sich griff.

So hast du dir
eine Fassade gebaut,
aus Kraft und Stärke!

Die Schwäche
hast du
dahinter eingesperrt!

Jetzt
ist sie frei gekommen!
Sie
hat dir allen Mut genommen!
Wo kommt sie nur her?

Du kannst es nicht fassen!
Hattest du doch
in deiner Fassade
etwas offen gelassen?

Da ist eine Tür,
die du
bisher nicht kanntest.

Die Aufschrift auf ihr!
Du hast gehofft,
dass du hier nie landest.

Sie erinnert dich,
was du längst verdrängt.

Auch du bist nur ein Mensch!

Besonnenheit

Besonnenheit,
unbeschwerte
Einigkeit
mit sich!

Besonnenheit,
unbeschwerte
Freiheit
von Meinungen!

Besonnenheit,
unbedingte
Klarheit
in Unklarheiten!

Besonnenheit,
unbedingte
Glaubhaftigkeit
in Zweifeln!

Besonnenheit
beseitigt
Zerrissenheit
in aller Zeit!

Mit Niemand verwandt

Bin vernetzt mit
der ganzen Welt,
immer auf dem neuesten Stand.
Bin vernetzt, mit
Jedem, der erzählt,
in jedem Forum bekannt.
Habe immer eine Meinung
und mit dieser auch Recht!
Ob´s wer wissen will,
ist das Eine,
mir geht´s nicht schlecht.

Bin immer erreichbar,
checke alles ab,
hochgradig bekannt,
doch mit niemand verwandt!

Glashaus

Schaut her,
das ist mein Leben:
Ich sitze im Glashaus,
als gläserner Mensch!
Bis in mein Innerstes
können alle sehen!
Habe nichts zu verbergen,
auch nichts zu vererben,
bin allein
und völlig gläsernes Sein.

Kommt Einer mit Stein,
bewirft mein Haus!
Kann nicht mal mehr weinen,
bin verloren und aus!

Meinungslast

Jeder darf seine Meinung äußern
und begibt sich dabei auf einen Ast.
An diesem hängt schon viel,
er bricht, bei zu viel Meinungslast.

Jeder weiß wie es geht,
weiß, was dahinter steht.
Jeder ist klug und tut schlau.
Dabei sitzt er nur in seinem Bau.
Aus diesem heraus
werden Meinungen verkündet.

Jeder weiß, was für den Anderen gut,
weiß, was er muss tun.
Jeder ist Klüger und Schlauer.
Dabei ist er nur sein eigener Bauer.
Aus dieser Sicht heraus
werden Meinungen verkündet.

Sie hängen an den Ästen,
bis diese brechen,.

Denn kein Baum ist so stabil,
dass er aushält so viel.

Manchmal hilft ein stilles Schweigen,
manchmal reicht ein stiller Blick.
Manchmal gibt's nichts zu übertreiben.
Manchmal wirft es uns zurück.

Welch ein Glück
liegt im Zurück.
Der Baum der Lasten sich befreit.
Und uns schenkt er Zeit!

Geduld

Ich dachte schon,
ich hätt´s begriffen.
Ich dachte schon,
ich hätt`s geschafft.

Dann merkte ich,
wie viel noch fehlte,
zwischen Wissen
und Unwissen klafft.

Eine tiefe Schlucht,
unbezwingbar!
Nur überwindbar mit
Geduld!

In der Masse

Blicke waren noch auf dich gerichtet.
Jetzt haben wir dich aus den Augen verloren.

In der Masse bist du verschwunden.
Eben noch warst du einer,
zu dem alle schauen,
dem sie vertrauen.

Jetzt stehst du in der Masse,
bist einer von Vielen,
nicht mehr zu erkennen,
nicht von Anderen zu trennen.

Hilfe

Schritte auf staubigem Asphalt.
Der Ton verhallt.
Ich hoffe doch,
dass Hilfe naht.

Stimmen aus lauterem Getöse,
vibrierende Stöße,
in allen Zellen,
an allen Stellen.

Keiner, der hinsieht,
sich entschied,
zu schützen das Leben,
sich traut, seine Stimme zu erheben.

Ein Leuchten am Himmel,
eine tröstende Stimme,
eine rettende Hand,
sie war mir bisher unbekannt.

Einer, der sich traut,
den Dingen in die Augen schaut.
Zur Hilfe bereit,
in dieser hilflosen Zeit.

Ich hoffe doch,
dass Einer kommen mag!

Wer bist du

Für den Einen
bist du
das Wichtigste auf der Welt.
Für den Anderen
bist du wichtig.
Für den Nächsten
bist du da.
Für den Weiteren
bist du gleichgültig.

Egal.

Wer bist du
für dich?

Guru

Folge nicht dem Guru.
Er ist wie du,
unvollkommen
und
verschwommen.

Folge keinem Guru.
Er kennt das Leben
nicht besser
als du!

Folge keinem Guru!
Auch wen er so tut,
als könne er Fliegen.
Auch wenn er denkt,
er würde siegen.

Er ist nicht anders als du.
Der Guru!

Auch er sitzt am Boden,
verkleidet sich nur.
Er hat seine Bühne
und fliegt zur Show.

Ist sie erst vorüber,
kannst du ihn sehen.
Du wirst erkennen,
nichts ist geschehen.

Er ist nicht anders als du,
der Guru.

Momente

Bewege dich!
Geh vorwärts!
Lerne, erfahre, lebe!
Lasse hinter dir,
was nicht mehr stimmt.
Es hat dir gedient,
jetzt es zerrinnt.

So soll es sein!
So wird es werden!

Geh weiter!
Nimm Neues!
Bewege Dich!

Nicht Trägheit hemmt dich
mehr als du!

Bewege dich,
genieße den Tag,
die Sonne, den Mond,
jeden Augenblick!

Genieße das Traurige
und das Glück,
es kommt nicht zurück!

Halte nichts fest,
alles wandelt,
alles endet.

Es bleibt kein Rest,
nur die Momente!

Sanft gelandet

Vom Glück erfasst!
Empor getragen!
Himmel-hoch-jauchzend!
Großer Empfang!

Sanft gelandet
auf erdigem Boden.
Wohl wissend,
das nichts hat ewigen Klang.

Der wahre Held

Er ist nicht von dieser Welt.
Er scheint nur
zu sein wie wir.

Er ist wie ein echter Held.
Er sagt nur
er sei wie wir.

Es zählt für ihn nicht das Geld.
Er kommt daher,
ist ganz ohne Gier.

Wer ist er nur,
der wahre Held?
Nicht von dieser Welt?

Er steht nur
vor der Herzenstür.

Zuversicht

Sei du meine Zuversicht,
wenn ich meine Sicht verliere!

Sei du meine Zuversicht,
wenn ich meinen Weg nicht mehr finde!

Sei du meine Zuversicht,
wenn ich alle Hoffnungen begrabe!

Sei du meine Zuversicht,
wenn ich völlig versage!

Sei du meine Zuversicht,
wenn nichts mehr zählt!

Sei du meine Zuversicht,
wenn alles vergeht!

Wenn alles vergeht,
mein Leben,
meine Zeit,
dann brauche ich einen
der für mich ist bereit.

Weitere Veröffentlichungen von Martina Herbig

Gedankensprünge
ISBN: 978-3-7322-9849-5

Das Butterblümchen
ISBN: 978-3-7357-8480-3

Menschsein Sterben/Trauern/Leben
ISBN: 978-3-7347-9390-5

Spirituell sind die Anderen
ISBN: 978-3-7392-1855-7

Pilgerreise durch die Seelengärten
ISBN: 978-3-7392-3583-7

Wer mich kennen lernen möchte, darf mich auch auf meinem YouTube Kanal „Martina Herbig" besuchen.